11 de septiembre
Esa semana

11 de septiembre
Esa semana

ISABEL ALLENDE BUSSI

DEBATE

El papel utilizado para la impresión de este libro ha sido fabricado a partir de madera procedente de bosques y plantaciones gestionadas con los más altos estándares ambientales, garantizando una explotación de los recursos sostenible con el medio ambiente y beneficiosa para las persona

Penguin Random House Grupo Editorial

11 de septiembre. Esa semana

Primera edición en Chile: septiembre, 2023
Primera edición en México. abril, 2024

penguinlibros.com

Diseño de portada: Julio Valdés B.
Fotografías de portada e interior: archivo de la autora
Composición: Alexei Alikin

ISBN: 978-607-384-264-8

Impreso en México – *Printed in Mexico*

«Aquel cuerpo fue enterrado secretamente en un sitio cualquiera. Aquel cadáver que marchó a la sepultura acompañado por una sola mujer que llevaba en sí misma todo el dolor del mundo.»

PABLO NERUDA

«En esta tumba no hay restos, sino semillas. A los jóvenes de Chile que no lo conocieron, pero para los cuales su nombre y su ejemplo tienen aún tanto significado, les digo: aquí está la herencia de un patriota que murió y vivió pensando en Chile y en ustedes.»

HORTENSIA BUSSI

1

El Chicho, como lo llamábamos a él desde pequeñas, nos recibió de regreso en el aeropuerto de Pudahuel a mi madre y a mí la tarde del domingo 9 de septiembre. Veníamos de México.

Con Tencha, como la llamábamos a ella, fuimos en representación del pueblo de Chile y de mi padre para expresar la solidaridad de nuestro país luego del terremoto y las inundaciones que ocurrieron en Veracruz a fines de agosto, un desastre natural que hasta entonces era el más fuerte y mortífero del cual los mexicanos tuvieran registro. Estuvimos allí una semana. Cuando nos aprontábamos a volver, con mi madre teníamos la sensación grata de haber profundizado todavía más los lazos con el pueblo mexicano, representado entonces por el presidente Luis Echeverría y su esposa, María Esther Zuno. Fue con ella con quien más tiempo pasamos, recorriendo algunas localidades que habían sido afectadas por las inundaciones.

Los Echeverría eran una familia muy cariñosa. Con ellos no solo compartimos en Los Pinos, la residencia oficial de los presidentes, sino también en su bella casa, ubicada en la colonia San Jerónimo. El vínculo comenzó en 1971, cuando el gobierno mexicano envió ayuda a nuestro país producto de un terremoto que afectó a Illapel el 8 de julio. Luego, durante su visita a Chile en el contexto de la Conferencia de las Naciones Unidas sobre Comercio y Desarrollo (conocida como UNCTAD) en 1972, y se consolidó en una gira en que mi padre recorrió algunas ciudades mexicanas a fines de ese año en visita oficial. Uno de los momentos inolvidables de esa gira presidencial fue el discurso que dio el Chicho en la Universidad de Guadalajara, recordado hasta el día de hoy, y que ha marcado a generaciones de estudiantes. En ese discurso afirmó, entre otras notables frases, que «ser joven y no ser revolucionario es una contradicción hasta biológica».

Al año siguiente, y debido al terremoto de Veracruz, se gestó nuestro viaje en agosto de 1973 a través del nuevo embajador mexicano en Chile, Gonzalo Martínez Corbalá, quien llegó a nuestro país no como diplomático de carrera sino, como le gustaba señalar, «a la carrera».

Desde la capital federal partimos al valle de Mezquital, en el estado de Hidalgo, y también a

Irapuato, en Guanajuato. Recorrimos numerosos pueblos afectados y conversamos con gente que lo había perdido todo. Acompañamos a mujeres y niños. Fuimos a expresar nuestra solidaridad. Mi padre quiso que Chile se hiciera presente, encomendándonos esa misión. En ese viaje nos acompañaron el edecán aéreo Roberto Sánchez y la esposa del embajador de México en Chile, María Teresa Ulloa.

Los mexicanos estaban asombrados con nosotros, pues antes de volver, en vez de buscar recuerdos, pude adquirir pasta de dientes, desodorante e incluso leche Nido. Insumos básicos que pudieran caber en una maleta. Ahora suena absurdo, pero el boicot comercial al gobierno de la Unidad Popular y el acaparamiento de productos de primera necesidad generaba muchos problemas cotidianos a las personas para abastecerse. Era una de las estrategias que utilizaba la oposición para desestabilizar al gobierno. Me acuerdo de la leche Nido y de lo difícil que resultaba obtenerla. Por esos días se la daba a mi hija Marcia. Recuerdo que su abuela por el lado paterno tenía más facilidad para encontrar la leche en La Cisterna, una comuna popular, de lo que podía encontrar por mi cuenta en el centro de Santiago e incluso en Providencia, donde a todas luces se manifestaba el acaparamiento.

Antes de volver recordé un pedido que me hizo el Chicho. Quería una chaqueta fresquita, de verano, de lo que me preocupé con especial interés en México, contenta de poder hacerle un regalo.

Cuando subimos al avión para regresar a Chile, en la escalerilla, María Esther Zuno se despidió de nosotras de manera afectuosa, emocionada. Antes de abordar, en medio de abrazos, nos dijo algo que en principio nos pareció raro, pero que días después nos impactaría de una manera tremenda.

—Tengo el presentimiento de que las voy a ver antes de lo que pensamos.

El sábado 9 de septiembre retornábamos con mi madre a Chile sin imaginar que una semana después, la noche del sábado 15, saldríamos otra vez desde el aeropuerto de Pudahuel para aterrizar —de nuevo— en suelo mexicano el domingo 16, el Día Nacional de México, ni más ni menos. Y que allí estarían otra vez María Esther Zuno y el presidente Luis Echeverría, a quienes ahora acompañaría su gabinete completo, de riguroso luto.

Ese 16 de septiembre comenzaría nuestro exilio de diecisiete años. No volvíamos a México solo nosotras con mi madre: llegábamos con mi hermana Carmen Paz, con nuestros hijos y maridos. También venía la hermana de mi madre, Adriana Bussi. Llegábamos en calidad de exiliadas. Tal vez éramos de las primeras ciudadanas chilenas en salir al exilio por la recién impuesta dictadura militar.

Mi padre resistió el golpe de Estado en el Palacio de La Moneda durante la mañana del martes 11 de septiembre. Fui una de las últimas personas —de las que salimos del palacio— que lo vio ese día.

Fui una de las últimas personas que lo vio con vida.

Entre el sábado 9 y el sábado 15 pasó una semana. La semana que narro a continuación.

Como decía, esa tarde mi padre nos fue a recibir al aeropuerto.

La semana en el país durante nuestra ausencia había sido de gran convulsión, con acontecimientos decisivos para los días posteriores. Ese domingo 9, de hecho, Carlos Altamirano, secretario general del Partido Socialista, a esas alturas un dirigente cruzado por las tensiones entre aquellos que querían avanzar sin transar y los que querían consolidar más bien lo que se había logrado, se dirigió al país desde el Estadio Chile para denunciar cómo los trabajadores de la fábrica Sumar fueron «víctimas de una brutal provocación por parte de la FACh», y también para describir otros actos de injusticia contra trabajadores y campesinos. Pero lo más importante de ese discurso fue su cierre, en el que sostuvo lo siguiente:

> El compañero Allende no traicionará, compañeros, dará su vida si es necesario en defensa de este proceso.

Esas palabras acompañarían a Altamirano a lo largo de su vida puesto que ayudaron a precipitar todavía más los acontecimientos trágicos posteriores.

En el aeropuerto mi padre parecía tenso. Estaba en compañía del embajador Gonzalo Martínez. La situación parecía crítica. Se escuchaban, mientras salíamos del aeropuerto, aplausos y muestras de apoyo, pero también oímos algunas pifias. Nos subimos a un Fiat 125, el vehículo que usaban los escoltas para transportar al Chicho, quien no habló mucho durante el trayecto. Nosotras con mi madre fuimos, más bien, quienes le contamos en general lo que había sido nuestra visita a México. Quería saber cómo había sido el itinerario y qué habíamos hecho para solidarizar con la tragedia. El viaje desde el aeropuerto se hizo corto. Me dejaron en la casa familiar, ubicada en calle Guardia

Vieja, en la comuna de Providencia, y acordamos que iría a cenar al día siguiente a Tomás Moro, avenida donde estaba ubicada la casa presidencial.

Ese lunes 10 no fui a trabajar. Todavía padecía las consecuencias del viaje. No se me quitaba el dolor de cabeza producto de la altitud en Ciudad de México. Antes de que oscureciera, llegué en mi Fiat 600 a Tomás Moro. Estaba contenta. Traía conmigo el encargo que me había hecho mi padre antes de partir. Saqué no una, sino dos chaquetas del vehículo, y luego de los saludos, besos y abrazos, y de que preguntara cómo había amanecido después del viaje, lo acompañé al baño, que era bastante amplio, y se probó frente a mí en un espejo, coquetón y sonriente, una de las chaquetas. Era de color blanco invierno. Le quedó perfecta. Se veía bastante bien. Mientras se miraba al espejo desvió por un segundo la vista hacia mí con un gesto de aprobación. Sin embargo, sus palabras a continuación me sorprendieron. De hecho, me dolieron:

—Puede ser que la alcance a usar.

Recién en ese momento, un día después, antes de esa última comida con él, mi madre y sus más cercanos asesores en la residencia presidencial, me encontré de frente con la realidad de lo que estaba ocurriendo en el país y de lo que estaba viviendo mi padre. Un aterrizaje violento.

—¿Tan mal estamos? —le pregunté.

Él prefirió cambiar de tema mientras nos devolvíamos al comedor. Eran pasadas las nueve de la noche.

En esa última cena, el lunes 10 de septiembre, tuve una participación más bien discreta. Recuerdo que cada cierto tiempo se levantaban de la mesa Orlando Letelier, Augusto Olivares o Carlos Briones para contestar el teléfono. Volvían desde el escritorio e informaban a mi padre de ciertos rumores y se sentaban de nuevo a comer. En algún momento se mencionó que el regimiento de Los Andes se estaba movilizando. El aviso vino desde La Moneda. Al parecer, dos camiones se dirigían camino a Santiago. Al segundo llamado en que se informaba de este tema, mi padre le pidió a Letelier que se comunicara a la brevedad con el general Herman Brady, quien a su vez le aseguró no saber de qué se trataba lo que ocurría a esa hora de la noche. ¿Quiénes más estaban allí con nosotros? Por supuesto, estaba Tencha. Recuerdo al joven analista político y asesor presidencial Joan Garcés.

Garcés tenía veintinueve años. Yo, apenas veintiocho.

Joan Garcés —conocido entonces como «Juan Enrique»— era un joven intelectual, un analista político que opinaba bastante y con absoluta certeza y propiedad sobre la situación política chilena. Ya había publicado un par de libros sobre lo que ocurría en nuestro país. Tenía juicios bastante claros respecto de la coyuntura. Yo lo escuchaba y me sorprendía, porque ese joven valenciano era bastante persuasivo. Recuerdo que algunos lo criticaban por sus opiniones, consideradas entonces bastante «moderadas» —o «reformistas»— para la época. Poco revolucionario, en suma.

Recuerdo que en algún momento Joan señaló el hecho de que la derecha estaba desatada con respecto al terrorismo y la insubordinación al Estado, precipitando con ello la intervención militar. Mi padre insistió en que nuestro país debía regirse de acuerdo al derecho y la legalidad. «Nosotros no podemos romper la legalidad porque somos precisamente el gobierno», le respondió. Tencha complementó lo sostenido por Garcés, afirmando que los atentados terroristas estaban perjudicando a personas inocentes.

—Al terrorismo, el gobierno no puede responder con más terrorismo. Eso sería el caos —añadí.

Mi padre me observó e hizo un gesto afirmativo.

La cena terminó, mi madre subió a su dormitorio y avisé de que me devolvía a Guardia Vieja, nuestra casa familiar. Estaba cansada. No había dormido bien. Cuando nos despedimos, el Chicho me dijo: «Que la acompañen». Su petición la consideré bastante sorprendente. Él sabía que había llegado manejando por mi cuenta. Jamás había tenido que ser escoltada y me quedé mirándolo, extrañada. ¿Por qué decía eso? Él insistió:

—Que la lleven —pidió el Chicho.

No hice caso y decidí partir por mi cuenta a Guardia Vieja. No le dije nada. Una capta los ambientes y comprendí que lo mejor era dejarlo tranquilo junto a sus asesores, quienes lo esperaban en un salón, para que se concentrara en lo que estaba trabajando con su equipo, una pauta sobre los anuncios que pensaba hacer al día siguiente, entre ellos el llamado a plebiscito. Hasta ahora tengo dudas sobre de qué iba a tratarse ese referéndum, si acaso sería sobre las famosas «tres áreas de la economía» (estatal, mixta y privada) que tanto reclamaban en la Democracia Cristiana. Algunos han sostenido que mi padre iba a renunciar; otros, que se acortaría el mandato; pero creo que no sabemos a ciencia cierta qué decisiones iban a tomarse. Cómo evolucionarían los acontecimientos...

Hasta el día de hoy agradezco no haber seguido esa noche su propuesta. Si hubiera dejado el auto en Tomás Moro, si alguien del GAP me hubiera llevado a casa, no habría podido llegar la mañana siguiente a La Moneda. No habría podido estar con él en sus últimos momentos y eso habría cambiado mi vida para siempre. Si hay algo que me ha ayudado durante todos estos años fue haber podido llegar a La Moneda y haber estado con él en esas horas cruciales. No sé cómo habría podido sobrellevar mi vida sin haber estado allí, con él, con sus asesores, amigos y, por cierto, con mi hermana Beatriz, Tati.

Quería acompañarlo, estar cerca, compartir con él esas horas y mostrarle mi cariño, sabiendo lo difícil que habían sido para él los últimos meses y esa fatídica mañana del 11 de septiembre en que se quebró la democracia.

★★★

La casa de Guardia Vieja 392 fue construida por los arquitectos Fernando Castillo Velasco, Héctor Valdés y Carlos Huidobro entre 1946 y 1949. Fernando, exrector democratacristiano, junto con su mujer Mónica Echeverría, se volverían buenos amigos de mis padres.

Llegamos a vivir allí unos años después, en 1953. Antes vivimos en un departamento ubicado en Victoria Subercaseaux, a un costado del cerro Santa Lucía y cerca del Parque Forestal. Recuerdo a mi padre decir con frecuencia: «Hay que sacar a estas niñitas al parque para que se aireen».

A comienzos de la década de 1950 todavía no había muchas construcciones urbanas en Providencia. De hecho, vivíamos en una calle cerrada que terminaba en una quinta. Solo había cuatro casas: la nuestra, pareada; otra colindante y una casita más chica al frente. Recuerdo que con mis hermanas jugábamos a las naciones, bádminton y andábamos en bicicleta. Sentíamos que la calle era nuestra.

El Congreso Nacional confirmó al Chicho como presidente de la República el 24 de octubre de 1970. Su equipo había comenzado desde antes a trabajar en una propuesta para encontrar una residencia presidencial apropiada, debido a que Guardia Vieja no era una casa con condiciones de seguridad para recibir a un mandatario, ni siquiera para realizar una reunión de gabinete, de modo que se iniciaron rápidas gestiones para adquirir una residencia presidencial. El proceso fue bastante expedito y en pocos días la casona ubicada en avenida Tomás Moro 200 se convirtió en la residencia de los presidentes de Chile. Su intención era esa, que fuera una residencia permanente.

Mi padre me pidió que volviera a vivir en Guardia Vieja. Había salido del hogar familiar a los diecinueve años, cuando me casé por primera vez. De todos modos, estaba cerca. Algún tiempo viví en Pedro de Valdivia Norte y luego me instalé en Lota con Ricardo Lyon, a una cuadra de la casa. Pero tuve que volver. Alguien se tenía que quedar cuidando la casa.

En Guardia Vieja viví con Romilio, el padre de Marcia, por entonces un bebé, y con Gonzalo, mi hijo mayor, del primer matrimonio y que tenía ocho años, desde octubre de 1970 y hasta el 11 de septiembre de 1973.

★★★

Aprendí a manejar a temprana edad.

Mi madre se enfermó de tuberculosis en tres ocasiones. Recuerdo que pasaba seis o siete meses haciendo reposo. Era la manera, en ese entonces, de llevar la enfermedad. Estaba recostada durante todo ese periodo. Cuando cumplí catorce años la enfermedad de mi madre volvió, lo cual motivó muchas cosas, entre ellas, aprender a manejar su automóvil. A los quince años obtuve un carné provisorio y me hice cargo de algunas tareas domésticas. En esa época estaba con nosotros Manuelita, una lavandera. Mi padre no quería que dejáramos de trabajar con ella porque era muy querida en la familia y se sentía orgullosa de colaborar con nosotros. Me tocaba llevar la ropa y partía desde Guardia Vieja a su casa en Quinta Normal. Después comencé a hacer otros encargos de la casa en reemplazo de mi madre.

Iba de aquí para allá, manejando.

***

Pasada la medianoche del martes 11 llegué a Guardia Vieja. Todos dormían y yo debía volver al trabajo ese mismo día.

Entré a trabajar a la Biblioteca del Congreso Nacional a comienzos de 1970. Era un espacio que me parecía increíble por lo innovador. Mi tarea consistía, junto a un grupo de colaboradores externos, en la revisión de diarios y revistas de diversas partes del mundo (en castellano, francés, inglés y alemán) especializadas en actualidad, política, ciencias sociales y otros temas, y luego debía sintetizar cada artículo en no más de veinte o veinticinco líneas para un boletín que se repartía a los parlamentarios con el propósito de que tuvieran insumos actualizados para las discusiones legislativas. Allí, en medio de papeles, lecturas y lámparas verdes, me desempeñaba cada día.

En 1973 fui elegida por mis colegas como presidenta de la asociación de empleados de la biblioteca. Éramos cerca de ciento veinte funcionarios. De algún modo, fue mi primera experiencia de liderazgo. El director era Isidro Suárez, un arquitecto capaz de entender que era necesario profesionalizar el servicio que se brindaba al poder legislativo y por eso se abrieron concursos para los ascensos, ya no solo por antigüedad, lo que era un gran avance. Gestionamos, además, una guardería para las funcionarias de la biblioteca. Cuando se dieron los resultados de los concursos fui informada de que había ganado uno y, con ello, lograba ascender en la jerarquía al interior de la biblioteca. Estaba contenta. Recuerdo que ese mismo día empecé a sacar cuentas y dije: «Voy a poder ponerle una radio a mi autito». Acababa, de hecho, de pagar la última cuota del Fiat 600. Fue el Chicho quien me ayudó a comprarlo. Cada mes, entre 1971 y 1973, caminaba desde la biblioteca hasta La Moneda y le entregaba un cheque en sus manos con la cuota respectiva. Cuando terminé de pagar le dije que estaba contenta porque ya no le debía nada.

—¿Cómo que nada? ¡Me debes la vida! —replicó, riéndose.

* * *

Ese martes 11 la ciudad amaneció nublada. Era un día gris. No sé si durante la madrugada hubo alguna llovizna, pero hacía frío. Con Romilio habíamos conversado, luego del «Tanquetazo», de que si pasaba algo similar —a pesar de que yo consideraba todavía en ese momento que algo así no debía simplemente ocurrir, por mucho que se dijera que era posible un golpe de Estado—, yo iba a llegar como fuera a La Moneda a acompañar al Chicho.

Él estuvo de acuerdo, por lo que su responsabilidad sería la de hacerse cargo de los niños.

Conocí a Romilio en la Universidad de Chile, cuando entré a estudiar Sociología y él estaba en los cursos superiores de pedagogía en Física y Matemáticas. Debo decir que fue mi gran amor de juventud. Pololeamos, terminamos, cada uno se casó por su lado, tuvo un hijo y se separó. Nos volvimos a reencontrar en 1969 y nos casamos cuando el Chicho ya era presidente en una ceremonia muy íntima en la casa familiar de Guardia Vieja.

***

El teléfono sonó pasadas las 7.20 de la mañana. Al principio me molesté. Estaba cansada. Reconozco ahora que me costó mucho atender esa llamada.

Era Patricia Espejo, de la secretaría privada de la presidencia.

***

Leí o escuché alguna vez que un almirante golpista se solazaba frente al resto de generales de todas las fuerzas armadas señalando, en los días previos al golpe, que tenía infiltrados a algunos cadetes en Tomás Moro. Decía que estaban a cargo de la cocina de la residencia presidencial. No era así.

Quien llevaba la batuta en la cocina era, más bien, la señora Blanca. No recuerdo haber visto cadetes en ese lugar. En cambio, donde sí tengo claro que siempre estuvo a cargo la Marina —y el servicio era impecable— fue en Cerro Castillo, en Viña del Mar. Tuve la posibilidad de ir mucho porque a mi madre —como ya no íbamos a Algarrobo— le gustaba contemplar el mar y pasar acompañada los fines de semana. Allí nos sentíamos bien, era grato; pasaban cosas bonitas y, entre otras actividades, me acuerdo de que jugábamos mucho Scrabble (Dilema).

Durante esas estadías en Viña del Mar recuerdo que se decidió acondicionar unos pabellones donde alojarían por una semana niñas y niños, los mejores estudiantes de diversos lugares del país. Se los recibía, se los acomodaba y salían a recorrer el puerto y sus alrededores. Algunos conocían el mar por primera vez. Era toda una experiencia. Les preguntábamos de dónde venían. Eran hijos de mineros, de campesinos, de personas que vivían en campamentos. A veces mi padre se daba el tiempo y compartía y conversaba con ellos.

El Chicho era un gran conversador. Eso era permanente en mi casa, sin importar la diferencia de edad. Le gustaba conversar con nuestros amigos, compañeras de curso y vecinos, además de sus diálogos con políticos y dirigentes.

Recuerdo un verano en Algarrobo. A pesar de que estaba de vacaciones, mi padre no podía dejar de estar pendiente de que los pescadores tuvieran todas las condiciones materiales que requirieran. Si no había baño para ellos, por ejemplo, se preocupaba hasta conseguirlo. Se trataba de un asunto de dignidad. Recuerdo esos gestos porque eran parte de sus características, de su identidad, algo que nunca perdería, ni siquiera al final de su vida. Era de una gran humanidad, acompañada de su gran sentido del humor.

Otro recuerdo de verano: yo tendría unos doce años y un día el Chicho me mandó a comprar jamón a un almacén. Me quedé mirándolo, esperando el dinero. Me miró extrañado e insistió:

—Vaya a buscar el jamón.

—¿Y con qué plata? —le respondí.

—Vaya y dígale al señor del almacén que le *anote* un cuarto de jamón al doctor Salvador Allende.

Fui y volví con la cara roja de vergüenza.

Algarrobo era para mí los días felices, sobre todo cuando mi padre se tomaba unos días de descanso. Allí nos enseñó a nadar, a remar, salíamos a caminar y ver las puestas de sol, en especial cuando salíamos en su velero, un *snipe*, la categoría más pequeña. Ahí aprendí a gozar con el *snipe* deslizándose y el viento soplando la vela en medio de la inmensidad. Siempre he guardado esa sensación de cercanía con el mar y con la naturaleza, sin olvidar las «comilonas» de pescados, erizos, jaibas y locos que nos traían sus amigos pescadores.

2

Cuando contesté el teléfono esa mañana de martes 11, quien estaba al otro lado era Patricia Espejo, de la secretaría privada de la presidencia, donde trabajaba Tati y un pequeño equipo.

—Isabel, parece que hay un intento de golpe. El doctor se fue a La Moneda.

Mi reacción fue inmediata.

—Está pasando algo —le dije a Romilio, quien se levantó raudo.

Mientras nos vestíamos le conté un poco de lo que había sido el ambiente que hubo en Tomás Moro la noche anterior. Dijimos que nos íbamos a comunicar y mientras él se dedicaba a levantar y vestir a los niños, en un acto de ingenuidad armé una pequeña maleta donde puse una muda de ropa interior, un pantalón y un suéter. En ese momento pensé que ese intento de golpe podía durar, a lo mejor, un par de días, hasta que se aplacara todo, con el «Tanquetazo» en la cabeza. Fue una reacción instintiva. No pensé demasiado. Me estaba imaginando que pasaría un breve tiempo en La Moneda y que debía tener algo de ropa.

Nos despedimos. Romilio partió con Gonzalo y Marcia a La Cisterna, donde vivían sus padres, cerca del Callejón Lo Ovalle. Valoré muchas veces su generosidad esa mañana, ya que no cuestionó mi decisión de partir a La Moneda. Su apoyo fue fundamental en un momento así. Aunque Romilio y yo nos separamos de manera definitiva en 1975, durante el exilio, siempre fuimos personas cercanas que nos apoyamos en momentos difíciles. Unos años más tarde, él formó una maravillosa familia mexicana.

Subí por Guardia Vieja hasta avenida Providencia. Eran cerca de las 8.45 de la mañana. Seguí por avenida Pedro de Valdivia hasta la costanera. El trayecto parecía normal. Las personas en la calle iban y venían. Nada indicaba lo que estaba por llegar. Pasé frente a la Plaza Italia y aquella sensación de normalidad continuaba. «Acá no ha pasado nada», pensé en ese minuto. Seguí en el auto por la costanera y doblé por José Miguel de la Barra. Fue entonces cuando empecé a ver carabineros en las esquinas. Los policías detenían el tránsito y se acercaban a los conductores. Tenía que bajar el vidrio y explicar: «Mire, soy la hija del presidente Allende y voy a La Moneda». Sorprendidos, me dejaban continuar. En Santa Lucía con Moneda doblé y conduje hasta la calle Valentín Letelier. Pasé frente al palacio. ¿Qué pasaba en ese momento? No lo recuerdo bien. Sí me acuerdo de haber estacionado allí, en la calle del Ministerio de Educación —porque ya no se podía continuar manejando—, y caminado hacia la Alameda. Quería entrar por la puerta de Morandé 80. La tensión que se sentía en el ambiente aumentaba en intensidad. La maletita y el auto quedaron allí.

Crucé lo que hoy se conoce como Plaza de la Ciudadanía, por entonces un enorme estacionamiento, por el lado sur del palacio, donde hoy se ubica el Centro Cultural Palacio de La Moneda, y ahí sí, a diferencia del trayecto desde Guardia Vieja, los carabineros hablaban con otro tono y tenían otra actitud. Uno de ellos, en la esquina frente al Banco del Estado, en Alameda con Morandé, me detuvo violentamente.

—¿A dónde va? —inquirió, como si mi presencia allí estuviera fuera de lugar.

—Voy a La Moneda —contesté.

—No, no puede pasar —espetó.

—Sí, sí puedo —respondí.

Antes de que mi interlocutor pudiera volver a decir algo apareció Jorge Echeñique, a quien conocía de Algarrobo. Era el esposo —en ese entonces— de Elvira Pascal (Billy), prima hermana de otros primos hermanos. Trabajaba en la Corporación de Reforma Agraria (Cora). Se acercó directo a mí. La actitud del policía comenzó a ser agresiva. Mientras Jorge avanzaba, el policía desenfundó su arma y nos apuntó.

—Déjenla pasar. Ella es la hija del presidente Allende. ¡La tienen que dejar pasar! —exigió con decisión.

Los carabineros quedaron paralizados. Se hicieron a un lado.

—¡Corre, Isabel! —dijo Jorge Echeñique.

Salí a toda prisa y toqué fuerte la puerta de Morandé 80. Alguien abrió. ¿Quién habrá sido? No lo recuerdo. Sí me acuerdo de que quien fuera debe haber puesto una cara rara. ¿Qué hacía yo allí esa mañana?, debe haberse preguntado.

Por cierto, nunca olvidaré que, gracias a la actitud decidida de Jorge Echeñique, pude entrar ese día al palacio presidencial.

Fui la última persona que entró esa mañana a La Moneda. Cerca de las nueve de la mañana.

El golpe estaba en toda marcha.

Mi padre se dirigió cuatro veces al país a través de radio Corporación. El primer discurso fue a las 7.55; el último, a las 9.03. Siete minutos después su voz quedaría grabada tanto en las cintas magnéticas que registraron su último discurso en radio Magallanes como en la memoria de todas y todos quienes lo escucharon ese día en lo que fueron sus últimas palabras a Chile. Salí de Guardia Vieja después del primer discurso y entré al palacio por Morandé 80 cuando sus palabras, reproducidas por radio Magallanes, ya habían sido oídas por todos quienes se enteraban del golpe frente a una radio ese día. Como mi Fiat 600 no tenía radio, esa mañana no pude oír sus palabras. No me enteré sino tiempo después de su existencia. ¿Cuándo fue la primera vez que supe de esas últimas palabras? ¿Dónde las escuché? ¿Cuándo lo oí por primera vez hablar con ese ruido de fondo compuesto de balas y aviones sobrevolando el palacio de gobierno? Hasta el día de hoy sus palabras me producen una profunda emoción —todavía se me llenan los ojos de lágrimas— y creo que lo retratan de cuerpo entero. Su voz tranquila —el «metal tranquilo de mi voz»—, su claridad junto a ese gesto de permanecer hasta el final en La Moneda defendiendo la democracia. ¿Cómo puede una persona que sabe que van a bombardear el lugar donde se encuentra, dirigirse, con esa serenidad, explicando el golpe, agradeciendo y recordando a su pueblo y dejándonos un camino de esperanza?

Cuando entré al palacio por Morandé 80 lo hice sin claridad de lo que ocurría. Solo tenía en mi cabeza las palabras de Patricia Espejo: «El doctor está en La Moneda». Me acuerdo de que subí una escalera y llegué a la secretaría privada de la presidencia. Todo ese lugar era muy distinto a como se restauró después. Al entrar me encontré con Eduardo *Coco* Paredes. Llevaba un arma. Cuando me vio, tal y como ocurrió en la puerta de Morandé, quedó sorprendido.

—¿Qué haces tú aquí? ¿No te das cuenta de que esto es *a finish*? —dijo.

Y entonces apareció Tati, que trabajaba junto al Chicho en la secretaría privada. Su cara de sorpresa fue todavía más grande.

—Pero ¿por qué estás aquí? ¡Te tienes que ir a Tomás Moro ahora ya! —dijo Tati.

—¡De ninguna manera! —respondí con firmeza—. ¿Tienes idea de lo que me costó llegar hasta acá? No pienso irme a Tomás Moro.

Quedamos en una especie de punto muerto. Ya no había cómo retroceder y no era mi intención.

Es en este momento cuando empieza una confusión en mi memoria respecto a cómo sucedieron algunas cosas. Recuerdo que, de repente, el Chicho apareció. Estaba sorprendido de verme allí, mientras me abrazaba y mientras los disparos y cañonazos que se escuchaban eran cada vez más intensos. Nos pidió que bajáramos a una habitación segura en el subsuelo del palacio. Vinieron con nosotras Verónica Ahumada, Cecilia Tormo y algunas funcionarias del palacio. Beatriz tenía siete meses de embarazo. Estuvimos allí, encerradas, largo rato. Sin embargo, en algún momento subimos hasta el salón Toesca y escuchamos decir a mi padre ante todos quienes decidieron acompañarlo esa mañana:

—Bueno, yo les pido a aquellos que no han usado nunca un arma que, por favor, se retiren.

No quería muertes inútiles. Estaba muy preocupado, hasta el final, por la vida de los demás.

Una frase que le escuché decir ante una pregunta sobre la situación en la que nos encontrábamos dentro del palacio:

—Yo no voy a renunciar.

Otra respuesta que le oí decir ante un susurro:

—Hay que ser consecuente.

Pasó un rato largo cuando de nuevo, en el subsuelo, y en privado, comenzamos a intercambiar palabras con el Chicho por el tema de nuestra salida del palacio. Ni Tati ni yo queríamos abandonarlo. No queríamos dejarlo solo. Lo que sentíamos en ese momento era la decisión de quedarnos con él y con todos los que se encontraban en el palacio: asesores, médicos y los detectives que decidieron mantenerse en sus posiciones, negándose a abandonar la sede del gobierno, gesto que habla de la calidad humana de todos los que allí permanecieron. Al contrario de lo que se ha dicho sobre su supuesta soledad, mi padre estuvo acompañado por los mejores y más leales asesores y amigos.

Nadie tenía idea de cómo sería el desenlace.

Nadie esperaba que desde Concepción volaran los Hawker Hunters.

Cerca de las once de la mañana un mensaje fue transmitido al general Leigh desde el Ministerio de Defensa:

—Mi general, en estos momentos sale del Ministerio un jeep a La Moneda a retirar seis mujeres...

—¡Déjense, déjense de labores dilatorias y de mujeres y de jeep! Yo voy a atacar de inmediato. Cambio y terminado.

—Sí, mi general.

En algún momento la situación producto del ataque al palacio presidencial se volvió cada vez más difícil. Estábamos de nuevo en el subsuelo. No recuerdo la hora exacta, pero de repente apareció el Chicho:

—Bueno, ya, tienen que irse. Tienen que entender que hay que denunciar esto al mundo. Esto no puede quedar así. Ustedes son un testimonio directo. Tienen que contar lo que ha pasado. Además, le pedí al general Baeza que ponga un jeep que las va a llevar fuera —dijo, con firmeza.

—¿Y si nos toman como rehenes? —preguntó Beatriz.

—Entonces el mundo sabrá lo que han hecho con ustedes —sentenció.

—Nos vamos —concluyó Beatriz.

Mi hermana se dio cuenta de que no le podíamos provocar esa angustia a nuestro padre. En ese sentido fue más sensata que yo. Tenía siete meses de embarazo, por lo cual era consciente, también, de su propia situación, de su propia fragilidad. Subimos la escalera del subsuelo y llegamos a la puerta de Morandé 80. No hubo más palabras. Fue una despedida dolorosa, en silencio. El ruido de fondo era la sublevación contra su gobierno. Nunca pensé que esa sería la última vez que lo iba a ver. Tenía la esperanza de que algo ocurriera. Mi padre había dicho en numerosas ocasiones que, a pesar de las amenazas y los rumores de golpe de Estado, él no se iba a ir fuera del país. Sin embargo, ante la inminencia de un bombardeo, decidió que nosotras sí debíamos salir. Y con nosotras me refiero, también, a todas las mujeres y hombres que no tenían entrenamiento militar.

Estábamos con él detrás de la puerta de Morandé 80. Recuerdo a Verónica Ahumada, periodista de La Moneda. También a Cecilia Tormo, asimismo periodista, y a Nancy Julien, esposa de Jaime Barrios, asesor económico del Chicho y gerente general del Banco Central. En un momento algo pasó porque apareció Danilo Bartulín, quien le dijo algo en el oído al Chicho y este se acercó a abrazarnos por última vez. Esa fue la última vez que vi a mi padre.

Todavía me duele cuando pienso que fue el último abrazo y que no lo volvería a ver. Creo que ingenuamente seguía apegada a la idea de que se podía revertir el golpe. No sabía que ese sería nuestro último adiós, que no lo volvería a ver, a tenerlo cerca, que no sentiría más su cariño, sus abrazos, sus bromas, su calidez.

Alguien abrió la puerta de Morandé 80. Salimos. A pesar de lo acordado por mi padre con Baeza, no había ningún jeep esperándonos. El ruido y los tanques habían desaparecido. Un gran silencio rodeaba el palacio. Bartulín cerró la puerta por dentro. Nos miramos todas, perplejas. Nos acercamos de nuevo a la puerta y Danilo no quiso volver a abrir. Había una mirilla desde donde aparecieron sus ojos.

—Ahí están mis llaves. Tengo el auto estacionado en la Plaza de la Constitución. Váyanse —soltó, mientras lanzaba el manojo.

Desconcertadas, desorientadas, no fuimos a buscar el auto de Bartulín a la Plaza de la Constitución sino que cruzamos por Morandé a la vereda del frente, hacia lo que sigue siendo hasta hoy la Intendencia de Santiago y, no sé cómo, nos cruzamos y no volvimos a ver a Cecilia Tormo ni a Verónica Ahumada. Quedamos Frida Modak, Nancy Julien, Tati y yo. Una persona salió del edificio y nos dijo:

—Ustedes no pueden estar aquí. Hay una amenaza de bombardeo. Lo mejor es que se vayan.

Comenzamos a caminar por Moneda rumbo al oriente hasta que llegamos a Ahumada, donde nos detuvimos. Decidimos entrar al hotel Albión. Se escuchaban disparos. Durante la salida por Morandé 80 alcancé a divisar a algunos GAP que se encontraban apostados en el techo del Ministerio de Obras Públicas. Desde allí resistían el asedio a La Moneda. La situación era angustiante.

Entramos al hotel. Fue lo único que atinamos a hacer en ese momento. Nos acercamos a la recepción. Un señor en el lobby escuchaba una radio.

—Mire, queremos quedarnos aquí....

—En dos piezas tendrá que ser —respondió el recepcionista.

Accedimos mientras nuestro interlocutor nos observaba con indisimulada desconfianza, auscultando nuestros rostros, pero sin decir nada. No recuerdo que nos haya pedido algún documento.

Mientras cerrábamos el tema de las habitaciones, de pronto hubo un breve momento de silencio.

La radio que estaba en la entrada del hotel empezó a emitir un sonido. De repente se escuchó la voz de un locutor de las Fuerzas Armadas:

> A continuación, se dará a conocer el Bando Número 8 de la Junta de Gobierno Militar.
>
> La Junta de Gobierno advierte a la población los siguientes puntos:
>
> La residencia presidencial, ubicada en Tomás Moro, tuvo que ser bombardeada desde el aire por ofrecer resistencia con personal civil del GAP a las Fuerzas Armadas y Carabineros.
>
> Se advierte que a partir de este instante está absolutamente prohibida la presencia de grupos de personas reunidas o transitando en las calles.
>
> Firman el presente bando los señores comandantes del Ejército, Armada, Fuerza Aérea y Carabineros de Chile.

Escuchar eso fue brutal. No pude evitar que se me cayeran unas lágrimas. ¿Por qué hicieron eso? ¿Por qué bombardearon la residencia presidencial? En algún momento de la mañana el Chicho llamó a Tencha desde La Moneda: «Dígales a las niñitas que se vayan para allá», le pidió. Quería que estuviéramos en un lugar seguro. Y, sin embargo, ¿Tomás Moro bombardeada? Un lugar que mi padre jamás se habría imaginado que iban atacar. Era la residencia presidencial. Solo estaba Tencha junto con un pequeño grupo de servicio, un par de detectives y unos cuantos GAP.

El recepcionista se dio cuenta de que algo raro pasaba. Alguna de nosotras al final se acercó y le dijo:

—Mire, muchas gracias, pero nos vamos.

¿Por qué salimos? ¿De quién fue la idea? ¿A dónde podríamos ir? Estaba en *shock*. El lugar seguro, Tomás Moro, había sido bombardeado. Decidimos seguir caminando y desde el Albión nos dirigimos hasta la calle Santa Lucía. Dejé de oír en mi cabeza el ruido de balazos que se sentían en el sector. En mi cabeza solo me escuchaba a mí misma repetir sin parar una única frase: «Mi mamá. Mi mamá. Mi mamá». Sentía impotencia y dolor. Me preguntaba qué había pasado y dónde estaba Tencha. ¿Estaría bien?

Desde Santa Lucía caminamos hasta Merced. Estábamos desorientadas. Era tal el impacto que no teníamos plan alguno. Éramos incapaces de pensar qué hacer. Mientras estábamos en esa esquina vimos un auto grande. En esa época no era común ver vehículos de ese tamaño. Era un Chevrolet. Recuerdo eso y que era bastante amplio. Un Impala, ni más ni menos. Lo hicimos parar. El conductor se detuvo. No sé cuál de las cuatro le dijo que éramos unas secretarias asustadas, que no queríamos saber nada y que nos queríamos alejar del centro. Que si nos podía llevar. ¿Por qué nos dejó subirnos a su auto? Las cuatro entramos en el asiento trasero. Junto a él, en el asiento del copiloto, iba una mujer. Fue ella quien nos dijo que subiéramos. El Impala enfiló por Merced rumbo a Plaza Italia. La escena que vimos allí me resulta todavía sobrecogedora. Una plaza rodeada de militares y carabineros. Una escena de guerra. Vimos a gente detenida, con las manos en alto. Otros, esposados, eran trasladados a unos camiones. Era una señal de lo que estaba por venir.

De repente el conductor se estacionó. Un militar le había pedido que se detuviera. Bajó el vidrio.

—Sus documentos —alcanzamos a oír, cuando Beatriz empezó a simular que tenía contracciones producto de su avanzado embarazo. Un asistente del militar que pedía los documentos contempló la escena y le dijo a su superior:

—Mi teniente, aquí hay una mujer embarazada.

—¿Los documentos están al día? —preguntó el oficial.

—Sí —respondió el conductor.

—Avancen.

Nadie dijo nada. ¿Por qué ninguno de los dos nos delató en ese momento? ¿De verdad creyeron que éramos secretarias? El conductor avanzó por avenida Providencia y luego de pasar por avenida Seminario dije:

—¡Deténgase!

Las tres a mi lado me miraron con cara de que hubiese enloquecido.

—Aquí nos vamos a bajar —dije, manteniendo la calma. Sus miradas extrañadas no cambiaron, pero como todo era tan tenso e incomprensible nadie fue capaz de decir una sola palabra.

¿Qué fue del conductor y de su acompañante? Nunca más supe de ellos. Si alguna vez leyeran estas líneas, quisiera expresarles mi mayor agradecimiento.

—¿Por qué hiciste esto? —me preguntó Beatriz.

Al pasar frente a la avenida Seminario recordé que una compañera de trabajo, más bien la directora adjunta de la Biblioteca del Congreso Nacional, alguna vez me había contado que vivía en una calle que daba a avenida Providencia, entre Seminario y Condell. Decía que era una casa de color blanco, con otra casa pegada al lado, donde vivía su mamá. Comenzamos a caminar y de repente, no sé cómo, la vi.

—Esta es —les dije a mis acompañantes.

¿Cómo llegué ahí? ¿Por qué pensé en esa casa? Nunca había estado en ese lugar. Toqué el timbre y salió ella, Alicia Rojas. Abrió la puerta y vio afuera de su domicilio a las dos hijas del presidente en pleno golpe de Estado y en compañía de otras dos mujeres: una de ellas ni más ni menos que Frida

Modak, una reconocida periodista que aparecía todos los días en televisión, y otra, Nancy Julien, de nacionalidad cubana. Alicia nos hizo pasar. Se dio cuenta de inmediato de dónde veníamos.

¿Qué hora era cuando llegamos a esa casa? Probablemente entre mediodía y la una de la tarde. En ese momento Alicia decidió que nos quedaríamos allí. El bando que habíamos escuchado era claro: estaba prohibido el tránsito en las calles. Los teléfonos funcionaban. Comenzamos a hacer algunas llamadas. Intentábamos saber dónde estaba Tencha. Era imposible localizarla hasta que logramos comunicarnos con Olga Corssen, amiga íntima de nuestra familia y que trabajaba con ella en la oficina de la primera dama en La Moneda.

—Tu madre está en casa de Felipe Herrera —nos informó.

Durante el bombardeo a la residencia presidencial, Tencha fue sacada de allí por un detective y su chofer, de apellido Bello.

—¿Para dónde vamos? —preguntó el chofer.

—Vamos a Pedro de Valdivia Norte, a la casa de Felipe Herrera —resolvió Tencha sobre la marcha.

No sé cómo, pero Bartulín —que había estado en La Moneda con mi padre— logró comunicarse con nosotras. Recuerdo que eso ocurrió pasadas las cuatro. Tati contestó. Se había contactado de manera previa con Luis Fernández, su esposo, quien se encontraba en la embajada cubana, rodeada en ese momento por militares. Creo que Bartulín llamó primero a la embajada pensando que podía contactarse con nosotras en ese lugar y desde allí le dieron el teléfono de la casa en la que estábamos.

La conversación fue breve. Bartulín, dando rodeos, le dijo a Tati que La Moneda había sido bombardeada, que todos habían tenido que abandonar el palacio y que el Chicho los obligó a todos a salir. A todos, incluso a él. Después dijo:

—El doctor está muerto.

Los militares habían decidido, luego del asalto a La Moneda, liberar a los médicos. Por eso Bartulín pudo comunicarse con nosotras e informarnos de lo que había ocurrido. Supimos por él que una ambulancia se había llevado a la Paya, quien simuló una descompensación. Así logró, con la ayuda de un hermano de Osvaldo Puccio padre, Jaime, dentista que trabajaba en la Escuela Militar —y que venía en una ambulancia—, escapar y finalmente refugiarse, salvando su vida. Fue la única mujer que permaneció en La Moneda. Ese gesto lo dice todo.

Alguien pidió más detalles de lo que había ocurrido.

—El doctor nos obligó a bajar, el doctor se quedó arriba, el doctor dijo que él no se iba a rendir.

¿Qué había pasado? No lo teníamos muy claro. Recuerdo que, en ese momento, cerca de las cuatro de la tarde, pensamos que tal vez había muerto en combate. Bartulín no fue claro. No fue preciso, pero lo sabíamos: mi padre no iba a rendirse ni tampoco iba a salir al exilio. Ese era su lugar, el de los presidentes, y se quedaría allí hasta el final.

Luego se cortó la llamada.

Bartulín fue detenido al día siguiente.

Al enterarnos de lo que había ocurrido en La Moneda, nos abrazamos y lloramos. Durante la tarde cada una de nosotras intentó tomar contacto con los suyos. Frida Modak trataba de comunicarse con alguna gente de los medios de comunicación. Beatriz ya había hablado con Luis y Nancy Julien intentaba comunicarse con su esposo, Jaime Barrios, que durante esa mañana estuvo en La Moneda con mi padre, pero no había señales de él. No podíamos saber en ese momento que había sido llevado junto con otros asesores del presidente al regimiento Tacna y que luego serían vilmente asesinados y hechos desaparecer. Alguien —¿habrá sido el propio Bartulín?— nos informó de que antes del bombardeo Augusto Olivares se había suicidado. Se retiró a un baño ubicado bajo una escalera desde el cual se escuchó un disparo.

Oscilábamos entre la desesperación por saber qué pasaba con nuestros cercanos y el *shock* y el dolor de lo que estaba ocurriendo en ese momento. Era clara la decisión de mi padre de resistir, de quedarse hasta el final en ese combate desigual, pero cuánto dolor me produjo saber cómo había terminado y pensar, tal vez, en el horror que seguiría después.

Tati estuvo en permanente comunicación con Luis, quien en algún momento llamó a la casa de Alicia Rojas para informar de que estaba pidiendo salvoconductos y autorizaciones respectivas para que Tati y yo pudiéramos, junto con Tencha, llevar los restos de mi padre al cementerio Santa Inés, en Viña del Mar, al mausoleo de la familia Grove. En principio, ese era el plan, uno que fue anunciado por teléfono a la embajada cubana por el almirante Patricio Carvajal.

Sin embargo, nada de eso ocurrió.

Pasó un rato largo y cerca de las ocho de la noche Luis volvió a llamar. Se escuchaba bastante alterado. Le dijo a Tati que cuando intentaba salir de la embajada para gestionar las autorizaciones, algunos militares dispararon. Él alcanzó a tirarse al suelo, pero una bala hirió de forma leve al embajador Mario García Incháustegui, quien lo acompañaría en la gestión. Los cubanos, también armados, contestaron la agresión. La balacera fue ensordecedora. Sin embargo, no hubo víctimas.

—De aquí, nada —le dijo Luis a Tati, dando a entender que resultaría imposible desplazarse esa noche.

Más tarde aparecería en ese lugar Harald Edelstam, quien declaró a los militares apostados en la calle Los Estanques que desde ese momento estaba a cargo de la embajada cubana. Edelstam fue un diplomático que se la jugó en esos días, salvando muchas vidas con gran valentía.

Alicia preparó su casita para que pudiéramos pasar la noche allí. Puso en el suelo unas colchonetas. Sin embargo, nos resultó imposible conciliar el sueño. ¿Quién podía dormir esa noche? Se escuchaban disparos. No dejaba de darle vueltas a lo que había ocurrido. La muerte de mi padre, el bombardeo a la residencia presidencial en Tomás Moro. El ataque a la embajada cubana. El ruido de helicópteros y camiones que rodeaban la ciudad nos acompañó durante esas horas. Romilio y los niños, ¿estaban bien? El resto de la familia, mi hermana Carmen Paz y sus niños, ¿cómo estaban?

Aquí debo hacer un paréntesis y una confesión: no recuerdo haber hablado con Tencha una vez que supimos que se encontraba en casa de Felipe Herrera. Siempre fui muy apegada a ella y me parece extraño que no lo tenga en mi memoria. El dolor y la tristeza ¿nos engañan? ¿Fue por seguridad? ¿Bastaba que solo Tati hablara con ella? Es raro. Esta observación me la hizo presente muchos años después mi hija Marcia. Hasta ese momento no había reparado en ello. Tampoco recuerdo haberme comunicado con mi hermana Carmen Paz, y supongo que sí lo hice con Romilio para saber de los niños.

Esa noche está borrada de mi memoria.

3

No recuerdo a qué hora fue, pero la mañana siguiente, el miércoles 12, Luis apareció junto a un par de militares frente a la casa de Alicia. Venía en un jeep del ejército para buscar a Tati. En las horas previas se había decretado la expulsión de todo el personal cubano.

—Ustedes no se pueden quedar aquí, Isabel —dijo Luis.

Antes de subirse al jeep junto a su esposo, Tati se dio la vuelta y junto al abrazo que me dio en silencio, me dijo:

—Tienes que llamar al embajador de México.

Aquí de nuevo siento un gran vacío. Recuerdo que fue una despedida breve. No había tiempo para más con la presencia de los militares afuera, esperando. Con Tati nos separábamos después de haber vivido todas esas horas dramáticas sin claridad de lo que seguiría después. Hubo mucha contención en ambas. Pasaría un tiempo antes de que volviéramos a reunirnos... Pienso en esa despedida y todavía puedo ver esos grandes y expresivos ojos cafés. A esa hermana decidida, de quien sentíamos con Carmen Paz, desde chicas, su protección.

No sé por qué durante esas casi veinticuatro horas fui incapaz de marcar el teléfono de la embajada de México y comunicarme con Gonzalo Martínez. La cantidad de noticias que debí procesar durante esas horas no me hizo ver lo evidente. No habían pasado segundos luego de marcar los números de la residencia diplomática cuando respondió, como si estuviera esperando esa llamada.

—¿Isabel?

—Sí.

—¿Dónde estás?

Le di la dirección en donde estábamos.

—Voy para allá —dijo Gonzalo y luego cortó la llamada.

¿Cuánto tiempo habrá pasado? No fue mucho. En un abrir y cerrar de ojos apareció frente a la casa de Alicia un enorme vehículo negro con bandera mexicana. Gonzalo salió del vehículo y se acercó a la puerta de la casa. Después de colgar el teléfono luego de esa breve llamada, el embajador se había comunicado con el general Nicanor Díaz Estrada, con quien consiguió unos salvoconductos para desplazarse por la ciudad.

Le abrí la puerta y antes de que él pudiera decir algo, me escuchó decir que no estaba sola, invitándolo a entrar a la casa de Alicia, donde se encontró, de sorpresa, con Frida Modak y Nancy Julien.

—Aquí tengo un salvoconducto —dijo el embajador, facilitándome un documento que decía: «Autorícese al embajador de México a retirar a Isabel Allende Bussi e hijos menores».

Gonzalo nos pidió a todas que subiéramos al carro diplomático: sabía que, al aparecer este imponente vehículo frente a ese domicilio, ambas mujeres no podrían estar a salvo. La casa estaba marcada.

—Súbanse al asiento de atrás.

Nos despedimos de manera muy sentida con Alicia Rojas y luego de agradecer su lealtad, hospitalidad e infinita generosidad, salimos de allí en dirección a la Embajada de México, ubicada en Américo Vespucio. El gesto de Alicia de mantenernos en su casa quedaría para siempre grabado para mí.

Durante el trayecto la policía nos detuvo unas cinco o seis veces. Cada vez que el vehículo diplomático se detenía, sentía un retorcijón en el estómago. Gonzalo, con una calma maravillosa, bajaba el vidrio y decía que era el embajador de México y que estaba autorizado a circular. Agitaba desde lejos, imposible de leer, el salvoconducto. Nadie se atrevió a contradecirlo y así logramos llegar a la embajada, dejando en el lugar, instaladas, a Frida y Nancy. Una vez allí nos miramos con Gonzalo y dijimos al unísono:

—Hay que ir a buscar a Tencha.

Ya estaba oscuro. El vehículo con patente diplomática emprendió rumbo a Pedro de Valdivia Norte.

* * *

Santiago, 12 de septiembre de 1973

Querida Tati:

Solo tengo minutos para escribirte estas líneas y no sé cómo comenzar. Hoy ha sido un día más horrible que ayer. Tenía la esperanza de que Salvador y sus más íntimos colaboradores hubieran podido salir de La Moneda para organizar la resistencia en alguna parte de Chile. Me acosté sin saber que ya se había suicidado, pero siempre pensando en quienes estaban con él, si estaría herido, si se había salvado. Yo salí en la peor balacera de Tomás Moro, era el caos, nadie obedecía, los helicópteros y aviones sobrevolaban bajo al comienzo sin disparar, pero hubo precipitación e indisciplina de la escolta y repelieron lo que consideraban un ataque. Echados en el suelo con el leal

Bello, mi chofer, el detective Fuentes y un médico rubio y alto que no sé quién era. Me obligaron casi a salir de Tomás Moro, porque era un disparate quedarse cuando lo bombardeaban de esa forma. En el trayecto decidí ir a casa de Felipe Herrera, donde fui acogida con todo cariño, al igual que mis tres acompañantes, sentados en la misma mesa y con camas para todos.

⋆⋆⋆

Llegamos a casa de Felipe Herrera, militante socialista, quien también fuera presidente y fundador del Banco Interamericano de Desarrollo, una persona cercana a nuestra familia. Con Gonzalo nos encontramos con una Tencha dolida, porque ni Carmen Paz ni Beatriz ni yo la acompañamos esa mañana al entierro obligado de nuestro padre en el cementerio de Santa Inés, en Viña del Mar.

Le explicamos que debíamos estar todas juntas en la embajada mexicana, pero Tencha se negaba.

—No, yo no me voy a ninguna parte —dijo.

Mi madre no quería aceptar la protección del gobierno mexicano, en esos momentos de dolor y angustia, debido a que no quería ser declarada como «asilada» por la junta militar. Tati ya debía estar de camino al aeropuerto con destino a La Habana, junto al personal de la embajada. ¿Por qué quería quedarse en Chile? ¿Tencha sentía que tenía una misión? Todavía no había escuchado de nosotras la tarea que nos encomendó el Chicho en La Moneda. De hecho, Tencha, hasta esa mañana, no sabía qué había ocurrido el martes 11 desde que salió de Tomás Moro en medio del bombardeo. El no querer salir de Chile habla de la Tencha política que iba a emerger, denunciando al mundo la barbarie y las atrocidades de la dictadura.

Inés, la mujer de Felipe Herrera, procurando cuidar a su esposo, quien tenía un grave problema de salud y tal vez queriendo evitarle más dolor a mi madre, dispuso el martes que no se escuchara la radio ni se viera la televisión. Hasta esa mañana de miércoles Tencha pensaba que el Chicho podía estar, a lo mejor, herido en algún hospital. No sabía a lo que iba. No podía saberlo, como le dice a Tati en su carta. Todos los demás lo sabíamos. El país completo. Alrededor del mundo ya circulaba la noticia y se informaba de que mi padre el día anterior había resistido el golpe militar en el palacio de gobierno y que había dado su vida por ello.

En medio de esa conversación en casa de Felipe Herrera supimos cómo se había enterado mi madre de los acontecimientos. El teléfono de la casa ubicada en Pedro de Valdivia Norte sonó a eso de las siete de la mañana del miércoles 12. Contestó el propio dueño de casa. Le pidieron desde el otro lado que diera unas instrucciones a Tencha. Iría por ella Eduardo Grove Allende, su sobrino, quien la llevaría al hospital militar. Eduardo llegó y partieron en auto al lugar solicitado. Allí mi madre tuvo el primer indicio, cuando alguien le dio el pésame. Les informaron de que debían dirigirse a la base que la FACh tenía en Cerrillos. Lograron llegar, a pesar de las constantes paradas para revisar quiénes iban a bordo del vehículo. En la base aérea estaban Laura Allende, Patricio Grove Allende y Roberto Sánchez, el edecán de mi padre que estuvo en La Moneda hasta el momento en que el Chicho les pidió a sus edecanes que salieran del palacio. Sánchez fue un leal colaborador de mi padre y tuvo la dignidad de rechazar, luego del golpe de Estado, su reincorporación a la Fuerza Aérea. En los años posteriores vivió con gran modestia pero con la frente en alto, como señaló en más de alguna ocasión.

Laura Allende, mi tía, intentó ese martes 11 llegar a Tomás Moro y no lo logró porque mi padre ya había partido hacia La Moneda. Fue una mujer no solo bellísima, sino muy comprometida con los sectores populares que representaba como diputada y, sobre todo, muy, muy unida al Chicho. Fue detenida y llegó exiliada a Cuba en 1976, donde, en un acto de rebeldía, decidió en 1981 quitarse la vida frente a la negativa de la dictadura de dejarla entrar a Chile a pesar de padecer un avanzado cáncer.

Cuando pudieron estar unos minutos a solas, Tencha le preguntó al comandante Sánchez si acaso sabía dónde se encontraban sus hijas. Él le respondió que sí y recién entonces, en ese momento, Tencha pudo comunicarse con Tati. Quería que la acompañáramos. Fue Tati quien le explicó todo lo que había sucedido durante la tarde-noche del martes y la imposibilidad de desplazarnos al no tener salvoconductos. Tendría que ir sin nosotras.

⋆⋆⋆

Yo no pude reprimirme, en medio del silencio de ese día primaveral y lleno de sol que nadie hablara. Y dije en voz alta, para que oyeran los marinos, carabineros y los funcionarios del cementerio, que eran muchos: «Aquí te dejamos, Salvador Allende, presidente de la República, en esta forma tan anónima, sin una corona y sin una flor y sin la compañía del pueblo chileno que tanto te quiso». Nadie me dijo nada. No accedieron a destaparlo, como pedí, para tocarlo y darle el beso de despedida.

Lo único que aceptaron fue llevarme al Palacio del Cerro Castillo para recoger su ropa y retratos nuestros y un poco de ropa interior mía, porque de Tomás Moro salí con lo puesto, en el apuro.

Hija, no sé cuándo te veré a ti, ni a Mayita, ni a Luis, ni al nuevo nieto que espero llegue con felicidad después de tantas tragedias.

★★★

—No, yo no me voy a ninguna parte, no he hecho nada, no tengo por qué irme. No me voy a ir —dijo, resuelta, en el living de la casa de los Herrera.

En medio de la conversación, el propio dueño de casa le dijo al embajador que su hogar no era garantía alguna para Tencha.

Mi madre sentía mucho dolor. Tuvo que pasar por todo eso sin nosotras. En algún momento pensó que iba a contar con sus hijas. Que estaríamos con ella. Quiso pensar que iríamos todas juntas a enterrar a nuestro padre. Nada de eso ocurrió: los militares atacaron la embajada cubana y Luis Fernández no pudo salir y no hubo salvoconductos ni tampoco pudimos trasladarnos nosotras hasta donde se encontraba.

Con Gonzalo le contamos todo lo que había ocurrido y, luego de que termináramos de explicarle todos y cada uno de los episodios vividos durante esas horas, insistió, una vez más, en que no se iba a ir. Recuerdo que lloré frente a ella. Mi madre, en cambio, contuvo las lágrimas.

—No, no me voy a asilar —sentenció.

—¿Y qué hará usted en Chile? —le preguntó el embajador.

—Me voy a quedar en esta casa, donde me han acogido gentilmente. Después me trasladaré a Guardia Vieja —respondió de vuelta.

—Bueno, señora Tencha, entonces le propongo que sea mi invitada —le dijo Gonzalo con notable habilidad diplomática.

Para sorpresa de todos, mi madre aceptó su propuesta. No existe, por supuesto, semejante figura en las relaciones internacionales, pero fue la única manera que encontramos —que encontró Gonzalo, más bien— para subirla al auto y llevarla a la embajada.

¿A qué hora partieron Tati, Mayita y Luis al exilio? Mi madre alcanzó a hablar con ella esa tarde de miércoles. Tati le dijo que no podía moverse y que no podía arriesgar ni su vida ni la de Mayita. Que debían despedirse.

No pudieron reunirse.

Siento una y otra vez, al recordar lo vivido por Tencha, el dolor que tuvo que sentir durante esas horas sin sus hijas. Pienso en su coraje y su dignidad. No quería que los militares la vieran llorar. Sacó la voz, fuerte, decidida, para que se supiera que ese entierro anónimo era del Chicho. La imagino rodeada de militares y no deja de impresionarme.

Después, durante los largos años de exilio, sostuvo esa misma fuerza para recorrer todos los continentes, denunciando ante el mundo las violaciones a los derechos humanos en Chile, su lucha por el retorno de la democracia y por mantener vivo el legado del Chicho.

Ese miércoles 12, Carmen Paz y su familia llegaron a la residencia del embajador. El día anterior la doctora Mónica Bruzzone y su esposo la fueron a buscar y la trasladaron a su casa. El miércoles, desde la embajada, la fueron a retirar. Una vez más, gracias a la diligencia de Gonzalo, la familia pudo reunirse. Estábamos sanas y salvas.

4

A primera hora del jueves 13 partí desde la embajada a La Cisterna para buscar a Romilio y los niños. La noche anterior, luego de recoger a Tencha, llegamos a la embajada y conversamos todos los presentes en una mesa. Después mi madre decidió revisar lo que había podido recoger en Cerro Castillo. Guardó unas cartas y recuerdos. Fue una larga noche. No cesaban los ruidos de helicópteros ni los disparos.

Antes de emprender rumbo a Gran Avenida, le pedí al embajador que pasáramos por Guardia Vieja. Andaba desde la mañana del martes con lo puesto. Romilio, además, me pidió por teléfono que pasara a buscar algunos documentos. ¿Qué eran? Ya no lo recuerdo. Me puse a buscar sus cosas al interior de la casa y conforme pasaban los minutos, Gonzalo se comenzó a poner nervioso, pues tenía mucho que hacer: conseguir salvoconductos, avisar de que tal y cual persona había ingresado a la embajada en calidad de refugiado, entre otros asuntos. Después me diría que el día anterior y esa mañana había intentado comunicarse con la cancillería y que los militares demoraban las solicitudes presentadas. Antes de salir de Guardia Vieja me acordé de un gorro de piel de foca que mi padre me había traído de la Unión Soviética. De seguro en un lugar como México ese obsequio no me sería nada de útil, pero como me lo había regalado, para mí era importante, así que lo metí a la maleta. Hasta el día de hoy pienso en ello. Ese obsequio y algo de ropa para mis hijos fueron las únicas pertenencias que logré sacar de allí.

Recuerdo que al embajador lo dejamos afuera de un edificio. Yo seguí en el vehículo rumbo al sur de la ciudad.

Junto al capitán Mario del Valle, llegamos hasta el paradero 17 y medio de la Gran Avenida. Cuando nos encontramos con Romilio, lo primero que me dijo fue que Gonzalo y Marcia no estaban con él allí, en casa de sus padres. Había decidido llevarlos a otro lugar muy cerca, donde unos conocidos, para mayor seguridad. Mientras ocurría esta conversación, los vecinos comenzaron a salir de las casas y a observar con extrañeza el vehículo allí apostado. El capitán Del Valle se puso nervioso. Para entonces ya habían comenzado los allanamientos y las detenciones.

—Nos devolvemos a la embajada —dijo el capitán—. Le prometo que vuelvo aquí para llevarme a los niños más tarde, solo.

Con Romilio obedecimos y volvimos a la embajada. El capitán Del Valle cumplió su palabra y fue a buscar a Marcia y Gonzalo más tarde.

***

Gonzalo, mi hijo mayor, nació en 1965. En 1973 tenía ocho años. A esa edad se dio cuenta de todo. Antes de que saliéramos de Guardia Vieja la mañana del martes 11 escuchó cómo le decía a Romilio que partiría a La Moneda y que iba a estar con el Chicho. En La Cisterna y con unos conocidos de los abuelos de Marcia, y a diferencia de Tencha, escuchó y vio todo por radio y televisión. Supo en el momento del bombardeo a La Moneda, incluso se enteró de lo que ocurrió en Tomás Moro. Era perfectamente consciente. Cuando lo vi llegar a la embajada me acerqué a él y le pregunté si acaso sabía lo que acababa de ocurrir. Me dijo que sí, que sabía que su abuelo había muerto. Lloré con gran tristeza por él. Hasta hoy me pregunto cuánto puede marcar a un niño de esa edad aquella dolorosa experiencia. También comprendo por qué nos ha costado tanto hablar de esto en la familia y el reclamo de Marcia por nuestro silencio.

Recordar duele, pero a la vez es necesario y puede ser sanador. Sin embargo, cuesta mucho abrirse. Una se protege y cree que protege a los hijos.

También debo mencionar que el embajador, en medio de todas las tensiones, se dio un tiempo, mientras nos encontrábamos en la embajada, para jugar una partida de ajedrez con mi hijo, de seguro como una forma de aligerar esa carga que había vivido un niño de ocho años. Con el tiempo, y ya en México, ambos tuvieron una linda relación y jugarían ajedrez más de una vez.

★★★

Ese jueves Tencha le pidió a la mujer de Gonzalo, María Teresa Ulloa, que la llevara donde una costurera que vivía cerca del Estadio Nacional.

Además de la tuberculosis, mi madre tuvo desde siempre una cadera desnivelada respecto de la otra. Con los años se le fue acentuando también una escoliosis. Nunca se compraba cosas hechas. Siempre tenía a su costurera. De repente, en medio de todo lo que ocurría en la embajada, pensó que su costurera tendría un par de trajes o, quizá, algo que le hubiera mandado a arreglar. María Teresa, muy a contrapelo, aceptó. Salieron, pues ya era posible circular por la ciudad. Partieron en un vehículo de la embajada y no sé cómo lo hicieron, pero llegaron al pasaje donde vivía la costurera, cerca del Estadio Nacional. Y de nuevo, tal y como me pasó a mí cuando llegué donde los padres de Romilio, empezó a salir la gente de sus casas a mirar el vehículo con curiosidad. Se acercaron y, además de la sorpresa de ver a Tencha en ese lugar, le brindaron numerosas expresiones de apoyo y de cariño.

El chofer se puso nervioso con la aglomeración y antes de que la costurera pudiera encontrar alguna prenda para mi madre, tuvieron que salir a toda velocidad.

Ese jueves también comenzaron a llegar a la embajada los primeros refugiados: Óscar *Cacho* Soto, junto a su esposa Alicia y sus cinco hijos, Fernando Fajnzylber, Ernesto Torrealba Morales. Nos íbamos enterando, a medida que llegaban, de cómo los militares comenzaban a detener, torturar y ejecutar a amigos y familiares. Las violaciones a los derechos humanos comenzaron al mismo tiempo que la sublevación militar. Años después sabríamos que desde la madrugada del 11 y hasta el 15 de septiembre, según el Informe Rettig, cerca de cuatrocientas personas fueron asesinadas por la junta militar. A Eduardo *Coco* Paredes y a cerca de veinte asesores y funcionarios del gobierno que habían estado lealmente con mi padre en La Moneda los fusilaron en el regimiento Tacna ese miércoles 12 de septiembre.

Durante esa jornada mi madre logró comunicarse con Moy de Tohá. Con José eran grandes amigos de mis padres. Él lo acompañó en sus muchas campañas y había un entrañable cariño entre nuestras familias.

Moy estuvo con Tencha el domingo 9, cuando la fue a saludar a Tomás Moro después de nuestro retorno de México. Desde entonces no habían podido comunicarse. Tencha le informó al teléfono de que estábamos en la embajada mexicana y que necesitaba pedirle un favor.

—Te pido que puedas hacer las gestiones para entrar a Tomás Moro y sacar de allí lo que puedas de mis objetos personales.

Moy consiguió comunicarse con el jefe de Estado Mayor, el general Nicanor Díaz Estrada, a quien informó de que Tencha se encontraba en la embajada mexicana y de que no tenía consigo sus medicamentos ni tampoco ropa y que, además, quería ir ella misma a buscar sus pertenencias a Tomás Moro.

El general quedó en llamar después.

¿Sabía Moy dónde estaba su marido? José Tohá no era ministro la mañana del 11 de septiembre —sí lo era su hermano Jaime, de Agricultura—. Ambos se presentaron en La Moneda para acompañar a mi padre.

—Vengo a estar junto al presidente. Esa es mi responsabilidad —dijo José.

Desde su detención en el Ministerio de Defensa, José fue enviado a la Escuela Militar y desde allí, relegado a isla Dawson, en la Patagonia. A ese lugar fueron trasladados otros ministros y colaboradores cercanos de mi padre, donde tendrían que vivir las inclemencias del clima y los trabajos forzados. Posteriormente José, nuestro querido José, moriría asesinado en el hospital militar y hasta el día de hoy sigue la investigación judicial sobre sus últimos días, que desmiente la versión de su suicidio, como sostuvo por años la dictadura.

Don Edgardo Enríquez fue otro ministro que estuvo el martes 11 en La Moneda y que también fue trasladado a isla Dawson. De su estadía en ese campo de concentración existen algunas anécdotas. Se recuerda mucho una en especial. El querido rector de la Universidad de Concepción y reputado doctor se vestía cada día con traje y corbata. Osvaldo Puccio hijo, quien fue hecho prisionero por no dejar solo a su padre esa mañana de martes en La Moneda, un día no pudo aguantarse y le preguntó, con absoluta impertinencia, si acaso no le molestaba utilizar una corbata en ese inhóspito sitio.

—Mire, joven: es lo que menos me molesta de este lugar.

El embajador comenzó a recibir refugiados cuando la incomunicación con el Estado mexicano era total. Ni teléfonos, télex ni otros dispositivos funcionaban. Las comunicaciones estaban bloqueadas. Mujeres con niños y hombres llegaban a las puertas de la embajada y también a la cancillería mexicana, ubicada entonces en la calle Pérez Valenzuela, comuna de Providencia, solicitando asilo. El embajador recibió en ambas residencias a cerca de trescientas cincuenta personas en esos días. Todavía me sorprende la valentía, nobleza y diligencia de su actuar.

Como dije antes, ese jueves 13 llego el Cacho Soto, quien fuera testigo de los momentos ocurridos el martes 11 en La Moneda. Fue uno de los últimos en bajar al primer piso del palacio, cuando los militares ya habían logrado entrar y tomarse el edificio. Ya instalado en la embajada, el Cacho pudo hablar con mi madre, el embajador y con todos quienes les rodeábamos. A su vez, se enteró de lo que ocurrió luego del ataque a la residencia presidencial y de cómo fue la trágica salida de Tencha desde allí. Él nos habló de las últimas horas de la resistencia en el palacio. Nos habló del suicidio de mi padre y de su gesto de dignidad y resistencia. Pasarían años para que al final se tuviera certeza jurídica de su muerte, producto de la investigación de un grupo de los mejores expertos internacionales, quienes confirmaron lo que ya sabíamos.

¿Quién más llegó? Supe después, cuando nosotros ya nos habíamos ido de Chile, de algunas mujeres embarazadas que lograron entrar. Entiendo que una de ellas dio a luz días después adentro de la embajada. Recuerdo que también estuvo allí el senador Rafael Agustín Gumucio. Cuando Gonzalo le preguntó si saldría con nosotras rumbo a México, respondió:

—Le agradezco mucho su gentileza, señor embajador, por recibirme y permitirme pasar aquí esta noche, pero yo no salgo del país —dijo con cortesía.

Luego partió a su domicilio en las Torres de Tajamar. Días después, ante la persecución implacable a los dirigentes políticos, solicitaría asilo en la Embajada de Venezuela.

Me acuerdo de que en la embajada mexicana también se encontraba Fernando Gamboa, reconocido diplomático, artista y director de museos mexicanos. Estaba a cargo de gestionar en nuestro país la exhibición de la colección Carrillo Gil: cerca de doscientos setenta cuadros firmados por José Clemente Orozco, David Alfaro Siqueiros y

Diego Rivera. Las obras se encontraban en el Museo Nacional de Bellas Artes e iban a ser inauguradas por mi padre el 13 de septiembre. El texto que presentaba la exposición estaba firmado por Pablo Neruda. Según el embajador, fue el último texto público que el premio Nobel escribió.

Ese día también comenzaron a llegar al recinto embajadores de distintos países. La noticia de que nuestra familia estaba allí circuló con rapidez. Asistían para darle el pésame y acompañar a Tencha. Yo estuve ubicando a Sergio Meza, el padre de Gonzalo: partiríamos a México en calidad de exiliados y él debía despedirse de su hijo. También llegó a la embajada Iris Terré con Sebastián, el hijo de Romilio, para que pudieran verse. Sebastián y Gonzalo fueron muy unidos y es parte de nuestra historia y familia.

A diferencia de mi madre, que dijo en un comienzo que no iba a salir del país, tuve claro que había que salir de Chile. Que *debía* salir. No me hubiera podido quedar: me bastó vivir lo que alcancé a vivir y ver la brutalidad y barbarie de esas primeras horas: los militares cercando La Moneda, el bombardeo al palacio y a Tomás Moro, la muerte de mi padre, las primeras detenciones, los bandos... Ya se podía percibir lo que vendría después. Además, porque era una petición de mi padre denunciar al mundo lo que había ocurrido. Mi homenaje y reconocimiento a aquellos que se quedaron y lucharon desde la clandestinidad, a pesar de la feroz represión que se desataría desde ese martes 11.

5

La situación para la Embajada de México se puso muy difícil. El viernes 14 dos personas fueron acribilladas afuera de la cancillería, en Pérez Valenzuela. Intentaban saltar la reja para buscar asilo. Ese brutal asesinato fue una «advertencia» de los militares a Gonzalo, quien se encontraba dentro. Cuando se dispuso a salir de allí durante la noche, acompañado del capitán Mario del Valle, fue encañonado por varios militares y obligado a devolverse al edificio. Allí fue informado de que las comunicaciones telefónicas con el exterior habían sido restablecidas. Gonzalo recuerda en sus memorias de aquel aciago periodo que recibió en ese mismo momento un llamado desde un noticiero mexicano donde informó de la crítica situación que se vivía en ese momento en la cancillería. Un télex del secretario de Relaciones Exteriores entró minutos después de esa llamada: «¿Cuándo salen de Santiago rumbo a México los asilados?». Luego entró un segundo télex: «¿Está ya protegida la familia del presidente Allende?».

Después de esa transmisión de la televisión mexicana, Gonzalo logró salir de la cancillería sin problemas. Con el capitán Del Valle partieron rumbo a la residencia en Américo Vespucio, la misma hasta el día de hoy.

★★★

A las cinco de la tarde del viernes 14 de septiembre, cuando ya estaba en vigencia el toque de queda, Moy de Tohá recibió una llamada telefónica del general Nicanor Díaz Estrada. Le informó de que un vehículo iba a su domicilio para llevarla a Tomás Moro.

Fue la única persona cercana a nuestra familia que consiguió acceder a la residencia presidencial. Pasaría un tiempo antes de que nos enteráramos —según relata Carlos Jorquera en *El Chicho Allende*— de que el oficial encargado de resguardar el lugar era Pedro Espinoza Bravo.

—Que conste, señora, que yo quise evitarle el espectáculo que va a ver —le advirtió a Moy.

Todo estaba destrozado y diseminado por el suelo. La residencia había sido saqueada. En un salón se encontró con una perra que estaba pariendo arriba de un sillón. Unos cachorros estaban siendo amamantados y otro luchaba por salir. Para Moy fue impresionante encontrarse con esa imagen. Subió al segundo piso y pudo rescatar de entre los escombros un solo traje de dos piezas, color amarillo ocre, con el que descendería Tencha del avión en México unos días más tarde, en contraste con el riguroso luto que acompañaba el gabinete de Echeverría.

Pasadas las siete de la tarde Moy llegó a la embajada. Los militares que la acompañaban no querían que bajara del vehículo. Abrí la puerta de la residencia y salí a acercarme donde estaban. Le dije a Moy que mi madre estaba durmiendo —tuvimos que darle unos calmantes ya que llevaba varios días sin dormir— y que partiríamos a México al día siguiente. Me pasó las pocas cosas de la Tencha. Nos despedimos. Junto a la puerta de la embajada algunas personas, entre ellas Frida Modak, observaban la escena mientras lloraban de impotencia.

Moy no pudo bajar del vehículo a despedirse de su amiga.

★★★

Los días al interior de la embajada, como decía, fueron intensos. Varios embajadores y diplomáticos llegaban a dar sus respetos y condolencias a

Tencha, quien supo mantener la calma en cada una de esas visitas. Fue difícil encontrar tiempo para hablar a solas. Además, ella se encontraba muy contenida, a pesar de las fuertes emociones que nos causaban las visitas de los representantes de otros gobiernos que solidarizaban con nosotras.

El sábado 15 comenzó la partida, el exilio que duraría diecisiete años. Gonzalo recuerda en sus valiosas memorias que tuvo que gestionar los salvoconductos, declarar quiénes estábamos en la embajada y quiénes saldrían en el primer vuelo. Esa mañana nos enteramos de que el presidente Echeverría envió al director del Servicio Exterior mexicano, Raúl Valdés, con un avión que acababa de aterrizar en Pudahuel cargado de medicamentos y productos de primera necesidad.

En ese mismo avión partiría un primer grupo de personas, compuesto por mexicanos refugiados en la embajada u hospedados en hoteles, nuestra familia y algunos dirigentes de la Unidad Popular. Debíamos estar preparadas a las siete de la tarde.

Gonzalo pasó buena parte del día tratando de obtener los salvoconductos en la cancillería. No fue grata, según relata en su libro, su reunión con el almirante Ismael Huerta. Sin embargo, el embajador logró su cometido. Al Cacho Soto no le dieron el salvoconducto de inmediato. No sería sino hasta un mes más tarde que pudo salir y reunirse con su familia en México.

A su regreso a la residencia, tuvimos una conversación con Gonzalo y otros funcionarios porque había bastante temor de ser víctimas de alguna provocación o, abiertamente, de algún ataque. Cuando terminamos de hablar aparecieron los embajadores de Suecia, la India, la Unión Soviética, Israel y Guatemala, quienes ofrecieron acompañarnos hasta el aeropuerto. Fue un gesto que nunca olvidaré y parte de esa gran solidaridad mundial que recibiríamos los chilenos. A eso de las diez de la noche partimos desde la embajada con la ciudad en penumbras. Nuestro primer destino era el aeropuerto de Pudahuel. Estaba cerca, pero no fue tarea fácil llegar. Una y otra vez fuimos detenidos por militares, quienes apuntaban con linternas el autobús en el que nos trasladábamos.

En el aeropuerto se presentó un problema. Gonzalo no era hijo de Romilio y no tenía una autorización legal para salir del país, a pesar de que su padre había ido a despedirse de él a la embajada. Me acuerdo de que un funcionario preguntó:

—¿Y la autorización de este niño?

No sé hacia dónde miré, pero quienes estaban allí conmigo le dijeron casi al unísono:

—¿Se da cuenta de la situación?

—Bueno, que pasen —se limitó a responder.

Cerca de la medianoche pudimos abordar el avión. Los militares le negaron a última hora la salida a Sergio Maurín, gerente de Quimantú. Lo querían detener, pero el embajador lo envolvió en una bandera mexicana para ingresarlo de nuevo a la embajada. Luego de que despegáramos se nos informó de que el avión cargaría combustible en Antofagasta. Sería un largo vuelo: Santiago-Antofagasta-Perú-Panamá-México. En Antofagasta ni siquiera pudimos abrir las mirillas del avión por orden de los militares. Cuando cruzamos el espacio aéreo local y nos informaron de que estábamos en Perú, el avión retumbó con gritos de alegría. Un periodista mexicano iba arriba con nosotros y registró en una crónica ese momento:

> Fue entonces cuando Martínez Corbalá consultó su reloj y tomó el micrófono interior para dar el «grito». Era 15 de septiembre. Todos lo coreamos. Una voz, la de la compañera Allende, se escuchó diciendo: «¡Viva la patria que nos da la libertad!». Hubo vivas a Chile. A Luis Echeverría. A Salvador Allende. A Martínez Corbalá. Una y otra vez la voz de la señora Allende se quebró al gritar el nombre de su compañero. Lloramos. Habíamos ganado la libertad.

Todavía no me siento capaz de elegir las palabras para aquello que viví en esa semana. Me acuerdo de estar sentada en el avión con los niños, tratando de procesar lo que había ocurrido. Con tristeza, pena, contención, dudas, todo esto en un largo vuelo con cuatro escalas hasta México, con Marcia de un año y diez meses, y con Gonzalo, de ocho.

Llegamos a México y recuerdo que, apenas aterrizamos, oímos una impresionante movilización de personas gritando por Chile, por nosotras y por el Chicho. No esperábamos encontrarnos con eso, pero creo que fue la primera muestra de lo que iba a ser esa increíble solidaridad del pueblo mexicano, aunque también el inicio de una ola de solidaridad mundial. Sentimos una emoción muy, muy fuerte que nos desbordaba después de todo lo que habíamos vivido cada una. Nunca se me ha olvidado ni nunca se me olvidará. Ese sábado comenzaba otro capítulo en nuestras vidas: uno que se abocaría a dar testimonio de lo ocurrido en Chile, tal y como le prometí a mi padre esa mañana de martes 11 de septiembre en La Moneda. Fue un incansable ir y venir, pero quise cumplir con mi promesa.

Pero esa es otra historia.

Epílogo

Han transcurrido cincuenta años del cruento golpe militar y civil que sepultó nuestra democracia. Todavía siento un profundo dolor y también emoción al recordar el sacrificio y dignidad de mi padre.

Con Tencha nos dedicamos por quince años a recorrer el mundo, respondiendo a esa ola mundial de solidaridad y dando cuenta del mensaje de Salvador Allende, quien la mañana del martes 11 de septiembre se convirtió en un referente universal, un luchador social que en medio de un mundo polarizado impulsó cambios estructurales en una sociedad tan desigual como la nuestra, y que lo hizo en «democracia, pluralismo y libertad». La conciliación de cambios profundos e institucionalidad se volvería un mensaje inspirador para generaciones de jóvenes —y no tan jóvenes— a lo largo de décadas.

Tal vez eso explique el hecho de que, a su monumento levantado el año 2000 a pasos de La

Moneda, concurran cada día estudiantes, compañeras y compañeros, turistas, organizaciones sociales y dirigentes políticos de diferentes países a tomarse fotos, presentar sus respetos y admiración por un presidente demócrata que nos enseñó que la ética y la política deben ir de la mano. Siento con fuerza que su mensaje sigue vigente.

En el mundo hay por doquier plazas, calles, avenidas, estaciones de tren, parques, escuelas, hospitales y todo tipo de espacios que llevan su nombre. Hasta el día de hoy, como diría Tencha, siguen floreciendo semillas. Además, los socialistas y muchos otros aprendimos que las profundas transformaciones sociales deben ir siempre acompañadas de mayorías y que la democracia es el espacio y también el límite de la acción política, con un irrestricto respeto por los derechos humanos.

Han pasado muchas cosas en estos cincuenta años. Nuestra familia se separó para vivir en dos países que nos acogieron con infinita generosidad: México y Cuba. Nos volvimos a reunir al retorno de la democracia. Ahora mi sobrino Alejandro vive en Nueva Zelanda.

Diecisiete años después del golpe de Estado, no fue fácil regresar a Chile. Aún había temor y negación. Tuvimos que seguir luchando por la memoria y la justicia. Es por eso que creamos la Fundación Salvador Allende, a cargo de resguardar su legado. Durante el primer año en democracia organizamos su funeral oficial, el 4 de septiembre de 1990, al que acudieron miles de personas a lo largo de —literalmente— todo el recorrido, desde la tumba anónima en Viña del Mar hasta el Cementerio General en Santiago. Numerosas personas mostraban imágenes antiguas de Chicho que habían guardado a pesar de estar prohibidas por unos largos diecisiete años. La emotiva y pacífica despedida fue tan multitudinaria que no dejaba de sorprendernos y brindarnos un sentimiento de reparación. Aunque quisieron borrar su nombre, su pueblo no le había olvidado. También quisieron acompañarlo destacados líderes internacionales, a los cuales agradezco su gesto de compromiso, entre ellos Danielle Mitterrand, Michel Rocard y Costa-Gavras, quienes fueron muy solidarios con el exilio y la causa chilena por la recuperación de la democracia.

Hasta el día de hoy el mausoleo es visitado por personas de todas partes. Muchas le dejan cartas, flores, dibujos y objetos de regalo que la Fundación Salvador Allende recoge y resguarda. Me deja tranquila haber luchado contra el olvido, haber levantado la voz para reivindicar su figura y el gobierno de la Unidad Popular.

Como me dijo alguna vez un amigo, la ola de solidaridad con Chile fue equiparable solo a lo que había ocurrido con la Guerra Civil española y con Vietnam. La base de ese tremendo apoyo fue el legado de mi padre y su decisión de abrir una vía política a contracorriente en plena Guerra Fría. Si los sesenta fueron la época de la polarización y de la vía armada, en 1970 Salvador Allende inició un proceso de transformación profunda en democracia. En libertad.

AGRADECIMIENTOS

No ha sido fácil escribir estas líneas llenas de recuerdos tan intensos y dolorosos. Espero que haya podido expresar bien mi cariño y gratitud a diversas personas, desde las y los que estuvieron con mi padre ese martes 11 en La Moneda hasta el solidario pueblo mexicano. Y qué decir de la familia Echeverría y de Gonzalo Martínez Corbalá, el embajador de México en Chile en 1973.

Mi profundo agradecimiento a mi hija Marcia, por sus valiosos y —más de alguna vez— críticos comentarios para que dejara aflorar mis recuerdos y sentimientos. Ha sido un permanente apoyo en mi vida.

A Ricardo Solari, convertido de manera sorpresiva en mi «agente literario», por su amistad y cariño.

A Aldo Perán, joven editor, por su empuje, confianza y apoyo en este ejercicio de memoria.

A las amigas y los amigos que, a lo largo de la vida, hemos sabido acompañarnos en las buenas y en las malas.

A mi familia, con quienes hemos vivido momentos alegres y también tristes y a pesar de ello, siempre hemos sabido salir adelante y mirar hacia el futuro.

A mis padres, que para mí fueron excepcionales.

Al pueblo de Chile, que hasta el día de hoy recuerda a su querido compañero presidente.

11 de septiembre. Esa semana de Isabel Allende Bussi
se terminó de imprimir en abril de 2024
en los talleres de
Impresora Tauro, S.A. de C.V.
Av. Año de Juárez 343, col. Granjas San Antonio,
Ciudad de México